CUADERNO DE EJERCICIOS

Suplemento Didáctico Para Nuestra Lengua:

Cuaderno De Gramática Redacción Cultura Para Hispanohablantes

A. Pérez Groba, PhD.

INDICE

ENTREVISTA INICIAL

Entreviste a un compañero haciéndole las siguientes preguntas:

1. ¿Cómo te llamas?
2. ¿Dónde vives?
3. ¿De dónde es tu familia?
4. ¿Cómo y dónde aprendiste español?
5. ¿Qué esperas aprender en esta clase?
6. ¿Cuál es tu especialidad en Citrus College?
7. ¿Por qué deseas mejorar tu español?
8. Cuéntame una anécdota que cambió tu vida para siempre.
9. ¿A quién admiras profundamente? ¿Por qué? (Alguien de tu familia y otra persona que no sea de tu familia).

CAPÍTULO PRELIMINAR

PREGUNTAS SOBRE LA LECTURA.

1. ¿Qué significa la palabra **cimientos**?

2. ¿Por qué decimos que en español no se puede entender el uso de **tú** y de **usted** sin entender su contexto cultural?

3. ¿Qué comenzó a ocurrir socialmente en los Estados Unidos a principios de la década de los cincuenta?

4. ¿Qué figuras sociopolíticas se mencionan en la lectura que ayudaron a la sociedad estadounidense a florecer como sociedad abierta?

____

____

____

____

____

5. ¿Qué personalidades del mundo político menciona la lectura que ayudan a inspirar a la juventud hispana de hoy?

____

____

____

____

6. De acuerdo con la documentación publicada en 1999 por la cámara de comercio del censo de Estados Unidos, ¿cuántos hispanos hay hoy en nuestro país?

____

____

PREGUNTAS SOBRE LA GRAMÁTICA

1. En las siguientes palabras, subraye la diéresis cuando las haya:

Guitarra	Pingüino	Guerra	Guillotina	Apacigüe
Desagüe	Guillermo	Santigüemos	Gelatina	Agüita
Cigüeña	Hoguera	Guía	Vergüenza	Gestión

2. Escriba cuatro frases que contengan palabras con diéresis del ejercicio anterior.

3. Busque en el diccionario y escriba aquí el significado de las siguientes palabras:

   Querella:

   Carecer:

   Etimología:

Ingente:

CAPÍTULO UNO

PREGUNTAS SOBRE LA LECTURA.

1. ¿De dónde provienen las palabras **marroquí y alfonsí**? ¿Cómo lo sabe?

2. ¿De dónde provienen las palabras **Guadalete y Guadarrama**? ¿Cómo lo sabe?

3. ¿Por qué algunas palabras del español provienen del griego?

4. ¿Qué es un topónimo?

____

____

____

____

____

5. ¿En qué año aparecen los primeros textos en la península ibérica? ¿Cómo se llamaban?

____

____

____

____

6. ¿Cuáles son las tres etapas principales en el desarrollo de la lengua castellana?

____

____

____

____

7. Además de España, ¿Cuántos países del mundo consideran el español su lengua oficial?

____

____

____

____

PREGUNTAS SOBRE LA GRAMÁTICA

8. Indique qué palabras de la siguiente lista son monosílabas, bisílabas, trisílabas o polisílabas.

   Amarillo:

   Sí:

   Cielo:

   Ella:

   Para:

   Palabras:

   Distinguir:

   Florecita:

9. Indique qué palabras de la siguiente lista son monolíteras, bilíteras, trilíteras o cuatrilíteras:

   Yo:

   Voy:

   Mira:

   Y:

   Ella:

10. Silabifique las siguientes palabras:

    Desesperado:

    Computadora:

    Florero:

    Cereal:

    Perro:

Maravilloso:

Esperándote:

Lavadora:

Crucigrama:

Reloj:

Fragmentar:

Chimenea:

Sofá:

Entretenimiento:

11. ¿Qué es un polídromo?

12. ¿Qué es un diptongo?

13. ¿Cuántos diptongos existen en español?

____

14. ¿Qué es un hiato?

____

____

____

15. ¿Cuáles son las vocales débiles en español?

____

16. ¿Cuáles son las vocales fuertes en español?

____

17. Las palabras que terminan en **n, s** o **vocal** tienen el acento estrés o

    _______________en la ______________________________ sílaba

18. Las palabras que **no** terminan ni en **n**, ni en **s** ni en **vocal** tiene el

    _______________o acento fonético en la_______________ sílaba.

19. Las palabras que tienen acento fonético en la antepenúltima sílaba o

    antes,_____________________________ tienen acento escrito.

20. Silabifique las siguientes palabras y después subraye los diptongos donde los haya. A continuación ponga tilde (o acento escrito) donde sea necesario.

    1. Mariquita
    2. Especial
    3. Millonario

4. Fabuloso
5. Actua
6. Fastidia
7. Lavadora
8. Limpia
9. Guatemalteco
10. Devuelvo

21. ¿Cuándo se acentúan las palabras monosílabas en español?

____

____

____

22. ¿Cuándo se acentúa la palabra **sólo**?

____

____

____

23. ¿Cuándo se acentúa la palabra **aún**?

____

____

____

24. ¿Cuándo se acentúa la palabra **qué**?

____

____

____

25. ¿Qué es la R.A.E.?

____

____

____

____

____

26. ¿Qué es un cognado?

____

____

____

____

____

____

27. Escriba el género de cada palabra escribiendo una M para masculino o una F para femenino en cada caso.

libertad	orientación	cama
dislexia	flor	mariposa
dentista	sofá	megáfono
perro	problema	esqueleto
química	día	tema
cuadrado	mantel	chimenea
águila	estufa	agua
detonador	clase	florero

piscina	candelabro	persiana
cesto	presidencia	policía

CAPÍTULO DOS

PREGUNTAS SOBRE LA LECTURA.

1. ¿En qué año nació y murió Frida Kahlo?

____

____

____

2. ¿A qué se dedicaba Frida Kahlo?

____

____

____

3. ¿Cómo se llamaba el padre de Frida Kahlo?

____

____

____

4. ¿Cómo se llamaba el esposo de Frida Kahlo?

____

____

____

5. ¿Cuántos años tenía Frida cuando sufre su terrible accidente?

6. ¿Cuál era la diferencia principal entre el padre y la madre de Frida Kahlo?

7. ¿Cómo se sentía Frida Kahlo en Estados Unidos?

8. ¿En qué ciudad pinta Frida Su *Autorretrato en la Frontera entre México y los Estados Unidos?*

9. ¿Cuál era el peor defecto del esposo de Frida Kahlo?

EJERCICIOS DE GRAMÁTICA.

10. Los nombres de los meses en español se escriben con letra

____

11. Los apellidos de las personas en español se escriben con letra

____

12. Los nombres de estrellas y planetas se escriben con letra

____

13. Los días de la semana en español se escriben con letra

____

14. La primera letra del título de cualquier obra en español se escribe con letra

____

15. Los nombres de festividades civiles y religiosas en español se escriben con letra.

____

16. ¿Cuáles son los artículos definidos en español?

____

____

17. ¿Cuáles son los artículos indefinidos en español?

____

____

____

18. ¿Cuántos géneros tienen los sustantivos en español? ¿Cuáles son?

19. ¿Por qué generalmente las palabras que terminan en -ma son masculinas?

20. ¿Cuántos números tienen los sustantivos? ¿Cuáles son?

21. ¿Qué son los diminutivos?

22. ¿Cómo se forman los diminutivos?

23. ¿Qué son los aumentativos?

24. ¿Cómo se forman los aumentativos?

25. ¿Cuándo nació y cuando murió Diego Ribera?

26. Describa la relación de Diego Ribera con Frida Kahlo.

CAPITULO TRES

PREGUNTAS SOBRE LA LECTURA DE FRAY JUNÍPERO SERRA.

1. ¿En qué edificio de Washington D.C. encontramos hoy la estatua de Fray Junípero Serra?

   ____

   ____

2. ¿En qué universidad impartió clases Fray Junípero Serra entre 1734 y 1749?

   ____

   ____

3. Cuando dice la lectura que "Fray Junípero Serra comprendió la importancia de la predicación, a la que se dedicó con esmero" ¿A qué se refiere?

   ____

   ____

   ____

4. ¿Cuáles eran las cinco misiones franciscanas que se hallaban donde vivían los indígenas Otomíes en la Sierra madre Oriental?

   ____

   ____

   ____

5. ¿Cuál fue la primera misión que fundó Fray Junípero Serra?

____

6. De acuerdo con la lectura, ¿Qué ocurre el 1 de junio de 1769?

____

____

7. ¿A cuántos indígenas había bautizado Fray Junípero Serra cuando murió?

____

____

8. Qué misión se fundó el 17 de septiembre de 1776?

____

9. ¿Qué es el despotismo ilustrado?

____

____

10. Cuando murió Fray Junípero Serra, ¿Cuántos años tenía y cuántos años había ejercido como franciscano?

____

____

11. ¿Qué ocurre en California en 1850?

____

____

PREGUNTAS SOBRE LA GRAMÁTICA.

1. ¿Qué es un adjetivo?

____

____

____

2. ¿Cuántas clases de adjetivos hay en español y cuáles son?

____

____

____

3. ¿Para qué sirven los adjetivos demostrativos?

____

____

____

4. Para qué sirven los adjetivos descriptivos?

____

____

____

5. ¿Cuál es la función de los adjetivos indefinidos?

____

____

____

6. En las siguientes frases indique cuáles son los adjetivos y qué clase de adjetivos son.

   A. Hay pocos libros en esta biblioteca.

   ____

   B. Sus tíos hablan francés muy bien.

   ____

   C. Tu casa es preciosa.

   ____

   D. Estos chicos van a tu casa todos los domingos.

   ____

7. ¿Qué es el apócope de los adjetivos?

   ____

   ____

8. ¿Qué es un adverbio?

   ____

   ____

   ____

9. ¿Cuántas clases de adverbios hay y cuáles son?

   ____

   ____

   ____

10. ¿Qué son las frases adverbiales?

SOBRE LOS PRIMEROS COLONIZADORES DE CALIFORNIA.

1. ¿Qué decía el código de leyes nuevas del rey Carlos V?

CAPÍTULO CUATRO

PREGUNTAS SOBRE LA LECTURA.

1. Al caer el rey Alfonso enfermo, ¿Qué le hizo jurar a su primogénito?

2. Explique con sus propias palabras lo que significa la palabra primogénito.

3. ¿Qué hizo Enrique con sus hermanos a la muerte del rey Alfonso?

4. ¿Cuál era la relación entre Tomás de Torquemada e Isabel la Católica?

5. ¿Con quién se casó Isabel la Católica?

6. Qué edad tenía Isabel la Católica cuando se erigió Reina de Castilla?

7. Cuando los reyes de Castilla y de Aragón conquistaron Granada en 1492, ¿Cuánto tiempo llevaban los moros en la Península Ibérica?

8. ¿Cómo murió Isabel la Católica?

PREGUNTAS SOBRE LA GRAMÁTICA.

1. ¿Cuáles son las cuatro clases de comparaciones que existen en español?

2. Explique qué clase de comparación es cada una de las siguientes frases.

   A. - Juan tiene más de tres casas.

   ____

   B. - Nosotros bebemos menos sangría que tus amigos.

   ____

   C. - Gerardo habla tanto como Jorge.

   ____

   D. - Miguel es más inteligente que sus hermanos.

   ____

   E. - El policía corre tan rápido como el ladrón.

   ____

3. Explique, con sus propias palabras, lo que es un superlativo.

   ____

   ____

   ____

   ____

4. ¿Qué sufijo se utiliza para formar un superlativo absoluto?

   ____

5. Escriba, a continuación, las ocho reglas mencionadas en el libro de texto para el uso de la letra **h**.

6. Explique cuál era la relación entre Juana la Loca e Isabel la Católica.

7. ¿Cuándo y dónde nació Juana la Loca?

8. ¿Cómo recibió la reina Juana el apodo de "La Loca"?

MAPA DE CARACTERES

Alt + 0161= ¡

Alt + 0191= ¿

Alt + 0193= Á

Alt + 0201= É

Alt + 0205= Í

Alt + 0211= Ó

Alt + 0218= Ú

Alt + 0225= á

Alt + 0233= é

Alt + 0237= í

Alt + 0243= Ú

Alt + 0241= ñ

Alt + 0209= Ñ

Alt + 0252 =ü

PREPARACIÓN DEL ESQUEMA PARA LA PRESENTACIÓN ORAL

Un esquema no es un ensayo ni un resumen de lo que se va a decir en una presentación, sino un esqueleto que contiene los puntos más importantes de lo que se va a discutir.

El esquema deberá incluir la siguiente información:

1. **nombre:** En la parte superior izquierda, colocará usted su nombre, el nombre del curso, el semestre y año y el nombre de la profesora.
2. **Título:** Escriba el título de su presentación subrayado y centrado en la página.
3. **Puntos más importantes:** Aquí se incluirán los puntos más relevantes que va a aparecer en su presentación.
4. **Fuentes de información:** Es requisito imprescindible obtener un mínimo de 3 fuentes de información para su presentación. Sí que está permitido el uso del Internet como fuente, pero deberá tener un máximo 1 una fuente de Internet, las otras dos deber de haberse hallado libros o revistas.

A la hora de nombrar sus fuentes de información deberá incluir el nombre del autor, el nombre del libro, la editorial, y el lugar y año de publicación.

Supongamos que un estudiante va a hablar sobre el pintor Francisco de Goya. El esquema ejemplar sería el siguiente:

Cristina Pérez

Español 211

Primavera 2005

Dr. A. Afzali

Francisco de Goya

1. Su vida

- Su infancia
- Sus años de enfermedad
- Su frustrada vida amorosa
    - Su primer matrimonio
    - La duquesa de Alba
    - Los rumores de un Segundo matrimonio
- La sordera que moldeó su arte
    - Las causas
    - Los primeros síntomas
    - El diagnóstico final y sus consecuencias

2. Su producción artística

- Sus primeros cuadros
- Los retratos de la familia real
- La época oscura

Fuentes de información

Deza, Alfonso. Francisco de Goya y la sociedad de su tiempo. Editorial Somoza S.A. Madrid, 1986. Villarreal, David. Goya: vida y obra de un genio. Editorial Santillana S.L. Barcelona, 2001.

Internet: www.FdeGoya.com.

Dr. A.M. Afzali

Español 210

SUGERENCIAS PARA TEMAS DE PRESENTACIÓN

Vida y obra de Joaquín Sorolla

Pamplona y las fiestas de San Fermín

Vida y obra de Plácido Domingo

Invasión de Napoleón en España

Francisco Franco

El problema de las drogas en Colombia

La ciudad de Salamanca

Vida y obra de Salvador Dalí

Vida y obra de Pablo Picasso

Historia de la inmigración cubana a Estados Unidos

Historia de Puerto Rico

La Santa Inquisición

El peregrinaje a Santiago de Compostela

Historia del toreo

Historia del flamenco

La invasión árabe en España

El Rey Juan Carlos I de España

La independencia de México

Las pirámides de México

Vida y obra de Federico García Lorca

Vida y obra de Cervantes

Vida y obra de Gabriel García Márquez

Vida y obra de José Carreras

Historia de California

Historia del estado de Florida

Letizia Rocasolano (princesa de España)

El canal de Panamá

La guerra de las Malvinas en Argentina

Vida y obra de Francisco de Goya

Las mujeres de Juárez

El problema de las drogas en Tijuana

El Rey Carlos III

La civilización Maya

La civilización Azteca

Historia y monumentos de la ciudad de Gijón en España

Historia y monumentos de la ciudad de Cáceres en España

Historia y monumentos de la ciudad de Madrid en España.

Historia y monumentos de la ciudad de Santiago de Compostela en España

Historia y monumentos de la ciudad de Antigua en Guatemala.

ADVERTENCIAS SOBRE EL ENSAYO

Recuerde que todo ensayo bien escrito deberá estar compuesto de tres partes principales.

1. **La introducción**: Generalmente la introducción comprende un párrafo de 5 ó 6 líneas aproximadamente. Su propósito principal es el de indicar al lector de qué se va a hablar en el ensayo de forma muy general.

2. **El cuerpo**: Esta parte constará de varios párrafos dependiendo del tamaño del ensayo. Para esta clase, éste constará de una página, por lo que el cuerpo contendrá generalmente, entre 3 y 5 párrafos. Aquí deberá desarrollar, con más detalle, el tema que presentó en el párrafo de la introducción.

3. **La conclusión:** La conclusión terminará su ensayo con uno o dos párrafos y su función es la de resumir lo dicho y llegar, como indica su título, a una conclusión sobre lo que se ha escrito.

Antes de comenzar cualquier ensayo, se le aconseja pensar bien lo que quiere decir y escribir un esquema o "esqueleto" preliminar de lo que va a decir. Piense el tema bien, decida en qué orden desea exponer sus ideas para obtener una fluidez lógica y escriba a mano una lista de los puntos que desea exponer. Una vez completada esta tarea, es hora de sentarse delante del ordenador y comenzar a escribir.

Recuerde que en este curso escribirá 3 copias de su ensayo. Es aconsejable, por lo tanto, que escriba por computadora y no a máquina, ya que esto le ahorrará tiempo y esfuerzo. Si no dispone de una computadora en su casa, puede utilizar las que están a su disposición en Citrus College.

Es importante comenzar el ensayo con varios días de antelación a la fecha de entrega. Una composición realizada a última hora rara vez recibirá una nota tan alta como aquéllas realizadas con tiempo.

PROBLEMAS MÁS COMUNES A LA HORA DE ESCRIBIR UN ENSAYO

1. **Ortografía**: Se deberá poner especial atención a la ortografía en el ensayo. Procure acostumbrarse a utilizar el diccionario con frecuencia, o por lo menos siempre que tenga dudas sobre la ortografía correcta para cada palabra.

   La acentuación apropiada de las palabras forma, por supuesto, una parte esencial a lo hora de escribir un ensayo correctamente. Existen en el mercado programas de computadora que permiten poner acentos en cada palabra, pero si no tiene usted acceso a tales programas, estará permitida la adición de acentos a mano en cada copia del ensayo.

2. **La repetición excesiva de palabras**: Denota pobreza de vocabulario y falta de destreza a la hora de escribir. Una vez que usted haya terminado la primera copia de su ensayo deberá leerla varias veces para asegurarse de que ninguna palabra se repite más de dos o tres veces en todo el ensayo. Si bien esto le llevará unos minutos más, también le garantizará una mejor nota y menos trabajo en copias posteriores de su trabajo.

3. **El número excesivo de páginas**: Recuerde que en esta clase sus ensayos son de una página. Esto es más fácil decirlo que hacerlo, pues significa que deberá pensar lo que desea decir para eliminar líneas y/o párrafos innecesarios. Es por esto muy importante que piense bien lo que desea decir antes de comenzar su composición.

   Procure eliminar expresiones como *en mi opinión, lo que yo creo, pienso,* etc. Si está usted escribiendo el ensayo, el lector presupone que lo que dice es su opinión, por lo que tales vocablos son superfluos.

TEMA DE ENSAYO

El problema del bajo nivel educativo en los Estados Unidos ha sido, durante los últimos meses, uno de los temas principales de debate entre los políticos más relevantes de nuestro Congreso.

Escriba un ensayo de una página (escrita a máquina o en ordenador) explicando, en su opinión:

- Cuáles son los problemas que impiden un mayor nivel educativo en nuestras escuelas secundarias.
- Las consecuencias de tales problemas en nuestras escuelas.
- Cómo podemos resolver esos problemas (con ejemplos específicos sin generalizar).

Imagínese que es éste un artículo que desea publicar en alguna revista informativa.

Recuerde que no es necesario realizar ningún tipo de investigación ni utilizar fuentes bibliográficas de información para este ensayo.

FECHA DE ENTREGA:______________________________

EL NATURALISMO

Conteste a las siguientes preguntas.

1. ¿Qué es el Naturalismo?

____

____

____

2. ¿Quién fue el padre del Naturalismo?

____

3. ¿Dónde se originó el Naturalismo?

____

4. ¿Quién fue la precursora del Naturalismo en España?

____

5. ¿Cuáles son las características más importantes del Naturalismo?

____

____

____

____

____

____

EMILIA PARDO BAZÁN

1. ¿Dónde y cuándo nació Emilia Pardo Bazán?

2. ¿Cómo ayudó la madre de Emilia a su hija a convertirse en una gran intelectual?

3. De dónde provenían los libros que Emilia leía cuando era niña?

4. ¿Cuántos años tenía Emilia Pardo Bazán cuando comenzó a mostrar interés en la escritura?

5. ¿Cómo sale Emilia del ritual de la educación femenina durante sus años en La Coruña?

6. ¿Qué edad tenía la escritora cuando contrajo matrimonio y quién se convirtió en su esposo?

7. ¿Qué evento marca su iniciación en el mundo literario?

LOS PAZOS DE ULLOA

CAPÍTULO UNO

1. ¿Quién monta a caballo cuando se inicia la novela?

2. ¿Cuál era el estado mental del jinete en la descripción original?

3. ¿A dónde se dirigía el jinete?

4. ¿A quién se para a pedir direcciones?

5. ¿Le indican en camino con exactitud?

6. ¿Qué encontró el jinete en el camino que le hizo temblar? ¿Por qué?

7. ¿Por qué brincó el caballo de pronto?

8. ¿Con quién se encuentra el jinete después?

9. ¿Cuál es el nombre del jinete?

10. ¿Dónde cree usted que se desarrolla la acción?

11. ¿Cuál cree usted que va a ser el tema de la novela?

CAPÍTULO DOS

1. Cuando Julián llega a los Pazos de Ulloa, ¿a qué cuarto va? Describa esta habitación.

2. Inicialmente, ¿Por qué se enfada el marqués?

3. ¿Quién estaba en esa habitación con los perros? ¿Qué hacía?

4. Cómo era físicamente a pesar de estar sucio?

5. ¿Cómo reacciona el Marqués al ver que el perro había intentado morder al niño? ¿Cómo reacciona el cura?

____

____

____

____

6. ¿Quién era Sabel y cómo era físicamente?

____

____

____

____

7. Cómo se llama el crío?

____

____

____

____

8. ¿Cómo reacciona Julián al ver que continúan dándole vino al niño?

____

____

____

____

9. ¿Qué recuerda Julián mientras intenta dormirse al final del día?

CAPITULO TRES

1. Cómo es la habitación en la que se despierta Julián?

2. ¿Cómo había decidido Julián ser sacerdote?

3. ¿Cómo era el paisaje que se veía desde la ventana del cuarto de Julián?

4. ¿Quién entra entonces en el cuarto de Julián y cómo reacciona éste?

5. ¿Cuál era el parentesco entre Primitivo y Perucho?

6. ¿Por qué está el Marqués tan orgulloso de su casa?

7. ¿Dónde termina el tour de la mansión y a qué acuerdo llegan Julián y el Marqués?

CAPÍTULO CUATRO

1. Describa el trabajo del cura en la biblioteca.

____

____

____

2. ¿Quién se había ocupado antes de la administración de la casa?

____

____

____

3. ¿Tiene éxito Julián en la organización de los documentos? ¿Por qué?

____

____

____

4. ¿Cómo reacciona el Marqués ante los comentarios de Julián?

____

____

____

5. ¿Cómo se llama la perra del Marqués?

____

____

____

6. ¿Quién era don Pedro Moscoso?

____

____

7. ¿Qué ocurrió tras la muerte del padre del Marqués?

____

____

____

8. ¿Cómo había muerto la madre del Marqués?

____

____

____

9. ¿Por qué el marqués de Ulloa no recibió herencia de su tío?

____

____

____

10. ¿Cómo había perdido Don Pedro su título de Marqués?

____

____

____

____

CAPÍTULO CINCO

1. ¿Por qué el señorito no podía servir a Julián de guía?

2. ¿Quién era entonces su guía? ¿Le ayudaba? ¿Por qué?

3. ¿Qué más sabemos sobre Perucho gracias a este capítulo? ¿Qué decide Julián hacer por él?

4. ¿Por qué Julián decidió mover las clases de lectura a su cuarto?

5. Cuando Sabel entra ahora en el cuarto de Julián ¿Cómo iba vestida? ¿Cómo reacciona Julián?

6. ¿Por qué Julián le prohíbe a Sabel que entre en su cuarto?

7. ¿Cómo sabía Julián que estorbaba en los Pazos? ¿Sabía por qué?

CAPÍTULO SEIS

1. ¿Quién invita a Julián a pasar el día en Noya?

2. ¿Quién era Barbacana?

3. Por qué el señor de Ulloa no va a la fiesta hasta la hora del postre?

4. ¿Por qué Julián se enfurece durante la fiesta y levanta la voz?

5. ¿Por qué Don Eugenio se ríe de Julián?

CAPÍTULO SIETE

1. ¿Quiere Julián marcharse de los Pazos? ¿Por qué no lo hace?

2. ¿De dónde provenían los gritos que escuchaba Julián al entrar en la casa?

3. ¿Por qué Sabel no se marcha?

4. Cuando Julián y el Marqués salen al huerto a charlar ¿qué discuten?

5. ¿Por qué el Marqués no echa a Sabel de casa?

6. Y a Primitivo ¿por qué no lo echa?

7. ¿Qué le sugiere el nombre de Primitivo en relación con la corriente literaria del Naturalismo?

CAPÍTULOS 9-16

CAPÍTULO 9

1. ¿Por qué viaja Don Pedro a Santiago de Compostela?

2. ¿Cómo se llamaban las primas de Don Pedro?

CAPÍTULO 10

1. El primer párrafo del capítulo 10 exhibe, perfectamente, los rasgos naturalistas que caracterizan toda la novela. Explique por qué.

2. ¿Cuáles son y cómo son los enamorados de las primas que se describen en este capítulo?

3. ¿Por qué Rita le parece poco seria a Don Pedro?

4. ¿Con quién le aconseja Don Julián a Don Pedro que se case? ¿Por qué?

CAPÍTULO 11

1. ¿A quién elige Don Pedro para casarse y por qué la idea no le gusta a su tío?

2. ¿Se puede decir que la boda fue alegre? ¿Por qué?

CAPÍTULO 12

1. ¿Qué advertencias le da Don Pedro al cura antes de salir para los Pazos de Ulloa?

2. De nuevo, ¿Por qué indica Don Pedro que no quiere echar a Primitivo?

3. ¿Qué noticias le da Primitivo a Don Julián que alegran a éste?

4. ¿Por qué Don Julián le pide consejo a Don Eugenio? ¿Éste le ayuda?

CAPÍTULO 13

1. Por qué cree usted que la primera página del capítulo trece es de carácter puramente naturalista? ¿Qué es lo que se revela de Don Pedro?

2. ¿De qué hablan Nucha y su marido durante el viaje a los Pazos?

3. ¿Por qué Don Pedro se empeña en traerle una burra a Nucha?

CAPÍTULO 14

1. Cuando Don Pedro llega a los Pazos, ¿sigue allí Sabel? ¿Por qué?

2. ¿Cómo se conocen Nucha y Perucho? ¿Cómo reacciona Nucha ante el chiquillo? ¿Cómo se siente Julián ante esta relación? ¿Por qué?

CAPÍTULO 15

1. ¿A quién van a visitar Nucha y Don Pedro?

2. Describa a la esposa del juez.

3. ¿Cómo era el señor Limoso?

CAPÍTULO 16

1. ¿Con qué noticia empieza este capítulo?

2. ¿Por qué quieren traer a la hija de Don Felipe?

3. Describa la situación física de Nucha a lo largo de este capítulo.

4. ¿Nucha tiene un niño o una niña?

5. ¿Cómo termina el capítulo?

CAPÍTULOS 17-26

CAPÍTULO 17

1. ¿Qué teme Nucha de la ama?

2. ¿Cada cuánto tiempo visitaba el médico a la enferma?

3. ¿Cuál era la relación entre la hija de Nucha y Julián?

4. ¿Qué le preocupaba a Julián?

CAPÍTULO 18

1. ¿En qué estado sicológico se encontraba Julián al comenzar el capítulo?

2. ¿Por qué se sentía culpable Julián?

3. ¿Por qué decide Julián quedarse en los Pazos de Ulloa?

4. ¿Qué le dice la bruja a Sabel con las cartas?

5. ¿Qué mal entendido ocurre al final del capítulo?

CAPÍTULO 19

1. ¿Por qué dice Nucha que ahora tiene miedo de todo?

2. ¿Qué verdad se le revela a Nucha mientras se bañan los niños y cómo tiene lugar esta revelación?

3. ¿Cómo reacciona Nucha?

4. ¿Cómo termina el capítulo?

CAPÍTULO 20

1. ¿Quién estaba seguro de ganar las elecciones?

2. ¿Qué cambio se realiza en el último momento?

3. ¿Por qué decidió el Marqués arreglar la capilla de su casa?

4. ¿Qué le llama la atención a Julián de Nucha?

CAPÍTULO 21

1. ¿Qué descubrimos sobre las intenciones de Primitivo al comenzar este capítulo?

CAPÍTULO 22

1. ¿Cómo espera Julián que Nucha salga de los Pazos de Ulloa?

2. ¿Quién gana las elecciones? ¿Por qué?

CAPÍTULO 24

1. ¿Qué hace Perucho tras la misa?

2. Después de hablar con Primitivo ¿A dónde va Perucho?

3. ¿Qué es lo que preocupa constantemente a Perucho?

4. ¿Qué tragedia ocurre?

5. ¿Qué ve Perucho en la capilla?

6. ¿Cómo y dónde despierta después Perucho?

CAPÍTULO 25

1. ¿Qué descubrimos al comenzar este capítulo de las acusaciones de Don Perucho?

2. ¿A quién encuentra Julián muerto en el camino?

3. A dónde manda el arzobispo de Santiago a Julián?

4. ¿Qué noticia recibe Julián seis meses más tarde?

5. ¿Qué nuevo destino recibe de Santiago?

6. ¿Cuánto tiempo había pasado el cura lejos de Ulloa?

CAPÍTULO 26

1. Describa dónde halla Julián la tumba de Marcelina.

2. Cuando Julián levanta la vista ¿A quién ve? Describa a estas personas.

BENITO PÉREZ GALDÓS

1. ¿Dónde y cuándo nació Benito Pérez Galdós?

2. ¿Qué estudió el autor en Madrid y en qué año lo hizo?

3. ¿Qué nombramiento recibió Galdós en 1886 y bajo qué circunstancias?

4. ¿Cuándo ingresó el autor en la Real Academia Española?

PREGUNTAS SOBRE LA LECTURA DE MARIANELA

1. ¿Quién es el doctor Gorfin?

2. Cuando se entera Nela de la llegada del doctor Gorfin, ¿Cómo reacciona?

3. ¿Por qué cree Nela que Pablo es un hombre más completo como hombre ciego que como hombre con vista? Cree usted que esta es una forma sutil del autor de hacer una protesta social? ¿Qué es lo que cree usted que protesta el autor?

4. Describa a la cuñada del doctor Gorfin. ¿Se ajusta ella a los parámetros de la corriente naturalista? ¿Cómo?

5. ¿Quién es Felipín? ¿Por qué Marianela le dice que no puede irse con él lejos de Socartes? ¿Cómo cree usted que esto apoya la idea del naturalismo español?

6. Explique cómo se deformó Marianela.

7. Describa la personalidad de la prometida de Pablo.

8. ¿Por qué intenta la prometida de Pablo cambiar a Nela? ¿Lo consigue? ¿Por qué?

9. ¿Por qué cree usted que Nela se siente tan incómoda en la ropa elegante que le regalan?

10. ¿Cómo reacciona Nela cuando Pablo recupera la vista?

11. ¿Por qué muere Nela?

LOS REYES CATÓLICOS:
LOS ADELANTADOS DEL DÓLAR Y DEL BIT

1. ¿Quiénes eran Isabel y Fernando?

2. ¿Qué era el "real de a ocho"?

3. ¿Cuál es la relación entre la moneda latinoamericana y los Reyes Católicos?

4. Describa cómo eran los atributos físicos del real.

5. ¿Qué son las columnas de Hércules y dónde se encuentran?

6. ¿Por qué y cómo llegó a representar el $ el real español?

7. ¿Dónde fue reproducido el real fuera de España por primera vez? ¿Por qué?

8. ¿Cómo llegó a llamarse esta moneda 'dólar'?

9. ¿Cómo llegó el nombre de dólar a ser utilizada para la denominación estadounidense?

10. En retrospectiva, ¿Qué es lo que más le ha llamado la atención de esta lectura y por qué?

RESPUESTAS A LOS EJERCICIOS

CAPÍTULO PRELIMINAR

PREGUNTAS SOBRE LA LECTURA

1. ¿Qué significa la palabra cimientos? Si bien la palabra 'cimiento' tiene significados adicionales, en esta lectura un cimiento es la raíz o el principio de alguna cosa.

2. ¿Por qué decimos que en español no se puede entender el uso de tú y de usted sin entender su contexto cultural? Porque para entender su uso tendríamos que explicar el concepto del español formal y del español informal. El inglés carece de esta distinción. De esta forma entendemos que la cultura hispana contiene un elemento de formalidad inexistente gramaticalmente en inglés.

3. ¿Qué comenzó a ocurrir socialmente en los Estados Unidos a principios de la década de los cincuenta? Comenzó una etapa de discriminación racial. Esta discriminación hizo que las familias hispanas dejaran de hablar el español con sus hijos, de celebrar sus fiestas y tradiciones.

4. ¿Qué figuras sociopolíticas se mencionan en la lectura que ayudaron a la sociedad estadounidense a florecer? Martin Luther King, César Chávez, Reyes López Tijerina y Rigoberta Menchú.

5. ¿Qué personalidades del mundo político menciona la lectura que ayudan a inspirar a la juventud hispana de hoy? Díaz Balar, Cruz Bustamante y Bill Richardson.

6. De acuerdo con la documentación publicada en 1999 por la cámara de comercio del censo de Estados Unidos, ¿cuántos hispanos hay hoy en nuestro país? Treinta millones.

PREGUNGAS SOBRE GRAMÁTICA

1. En las siguientes palabras, subraye la diéresis cuando las haya:

Guitarra   <u>Pingüino</u>   Guerra   Guillotina   <u>Apacigüe</u>

Desagüe	Guillermo	Santigüemos	Gelatina	Agüita
Cigüeña	Hoguera	Guía	Vergüenza	Gestión

2. Escriba cuatro frases que contengan palabras con diéresis del ejercicio anterior. Aquí el estudiante tendrá que encontrar sus propios ejemplos
3. Busque en el diccionario y escriba aquí el significado de las siguientes palabras: Querella: Conflicto legal o acusación frente a un juez.

   Carecer: Tener falta de alguna cosa.

   Etimología: Examen del origen de las palabras.

   Ingente: Lo que es muy grande.

CAPÍTULO UNO

PREGUNTAS SOBRE LA LECTURA.

1. ¿De dónde provienen las palabras marroquí y alfonsí? ¿Cómo lo sabe? Son palabras de origen árabe. Lo sabemos porque el sufijo es árabe.
2. ¿De dónde provienen las palabras Guadalete y Guadarrama? ¿Cómo lo sabe? Estas palabras son también de origen árabe, pues el prefijo "gua-"es árabe.
3. ¿Por qué algunas palabras del español provienen del griego? Porque en el siglo VII A.C. (antes de Cristo) había colonizadores griegos que se asentaron en las costas españolas del mediterráneo.
4. ¿Qué es un topónimo? Es el nombre de un lugar físico o de una ciudad o pueblo.
5. ¿En qué año aparecen los primeros textos en castellano en la península ibérica? ¿Cómo se llamaban? Los primeros textos en la península ibérica aparecen en 1042, sin embargo estaban escritas con caracteres hebreos o árabes. Estos textos se llamaban Jarchas.
6. ¿Cuáles son las tres etapas principales en el desarrollo de la lengua castellana? Hoy podemos dividir el desarrollo de la lengua castellana española en tres etapas: la medieval en la que se hablaba el español antiguo y que se extiende desde el siglo X hasta el XVI, la moderna, entre los siglos XVI y finales del XVII y la contemporánea que continúa hoy y que comenzó con la creación de la Real Academia Española en el siglo XVIII.
7. Además de España, ¿Cuántos países del mundo consideran el español su lengua oficial? Diecinueve

SOBRE LA GRAMÁTICA

8. Indique qué palabras de la siguiente lista son monosílabas, bisílabas, trisílabas o polisílabas.

   Amarillo: Polisílaba

   Sí: Monosílaba

   Cielo: Bisílaba

   Ella: Bisílaba

   Para: Bisílaba

Palabras: Trisílaba

Distinguir: Trisílaba

Florecita: Polisílaba

9. Indique qué palabras de la siguiente lista son monolíteras, bilíteras, trilíteras o cuatrilíteras:

    Yo: Bilítera

    Voy: Trilítera

    Mira: Cuatrilítera

    Y: Monolítera

    Ella: Cuatrilítera

10. Silabifique las siguientes palabras:

    Desesperado: De ses pe ra do

    Computadora: Com pu ta do ra

    Florero: Flo re ro

    Cereal: Ce re al

    Perro: Pe rro

    Maravilloso: Ma ra vi llo so

    Esperándote: Es pe rán do te

    Lavadora: La va do ra

    Crucigrama: Cru ci gra ma

    Reloj: Re loj

    Fragmentar: Frag men tar

Chimenea: Chi me ne a

Sofá: So fá

Entretenimiento: En tre te ni mien to

11. ¿Qué es un polídromo? Los polídromos son palabras o frases que se escriben igual de izquierda a derecha y de derecha a izquierda. Algunas palabras polídromas: Ana y oso.
12. ¿Qué es un diptongo? Un diptongo es la combinación de dos vocales débiles o de una vocal débil con una fuerte en una misma sílaba.
13. ¿Cuántos diptongos existen en español? En español hay catorce diptongos.
14. ¿Qué es un hiato? Dos vocales fuertes juntas no se pronuncian nunca en un solo golpe de voz, por lo que deben formar parte de dos sílabas diferentes. La combinación de dos vocales fuertes en una palabra se llama hiato.
15. ¿Cuáles son las vocales débiles en español? La i y la u.
16. ¿Cuáles son las vocales fuertes en español? La a, la e y la o.
17. Las palabras que terminan en n, s o vocal tienen el acento estrés o acento fonético en la penúltima sílaba.
18. Las palabras que no terminan ni en n, ni en s ni en vocal tiene el estrés o acento fonético en la última sílaba.
19. Las palabras que tienen acento fonético en la antepenúltima sílaba o antes, siempre tienen acento escrito.
20. Silabifique las siguientes palabras y después subraye los diptongos donde los haya. A continuación ponga tilde (o acento escrito) donde sea necesario.

    1. Mariquita Ma ri qui ta
    2. Especial Es pe cial
    3. Millonario Mi llo na ro
    4. Fabuloso Fa bu lo so
    5. Actua Ac tú a
    6. Fastidia Fas ti dja
    7. Lavadora La va do ra
    8. Limpia Lim pja
    9. Guatemalteco Gua te mal te co

10. Devuelvo De vuel vo

21. ¿Cuándo se acentúan las palabras monosílabas en español? Las palabras monosílabas en español nunca se acentúan a no ser que haya dos palabras que se escriben igual pero que tienen significado diferente. En tal caso una de ellas lleva acento para distinguirla de significado de la otra. Por ejemplo, la palabra sí significa yes en inglés. La palabra si significa if en inglés.

22. ¿Cuándo se acentúa la palabra sólo? Esta palabra se acentúa cuando se puede substituir por la palabra 'solamente'en español, y significa en inglés only.

23. ¿Cuándo se acentúa la palabra aún? La palabra aún se acentúa cuando significa todavía

24. ¿Cuándo se acentúa la palabra qué? La palabra qué se acentúa cuando es un interrogativo o un exclamativo y significa "what" pero no se acentúa cuando significa "that".

25. ¿Qué es la R.A.E.? El acrónimo R.A.E significa Real Academia del Español. Se fundó en España para asegurar la ortografía y el uso correcto del español.

26. ¿Qué es un cognado? Un cognado es una palabra que se escribe igual o casi igual en español y en inglés o que se pronuncia de forma muy similar.

27. Escriba el género de cada palabra escribiendo una M para masculino o una F para femenino en cada caso.

libertad F	orientación F	cama F
dislexia F	flor F	mariposa F
dentista F/M	sofá M	megáfono M
perro M	problema M	esqueleto M
química F	día M	tema M

cuadrado M	mantel M	chimenea F
águila F	estufa F	agua F
detonador M	clase F	florero M
piscina F	candelabro M	persiana F
comedor M	situación F	diálogo M
cesto M	presidencia F	policía M

CAPÍTULO DOS

PREGUNTAS SOBRE LA LECTURA.

1. ¿En qué año nació y murió Frida Kahlo? Su partida de nacimiento indica que la fecha exacta de su llegada al mundo fue el 6 de julio de 1 907. Frida murió el 13 de julio de 1954.

2. ¿A qué se dedicaba Frida Kahlo? Frida Kahlo era pintora

3. ¿Cómo se llamaba el padre de Frida Kahlo? Guillermo Kahlo.

4. ¿Cómo se llamaba el esposo de Frida Kahlo? Diego Rivera

5. ¿Cuántos años tenía Frida cuando sufre su terrible accidente? 18 años.

6. ¿Cuál era la diferencia principal entre el padre y la madre de Frida Kahlo? Frida se rebeló siempre contra el tradicionalismo y catolicismo de su madre. Sin embargo, el cariño que le tenía a su padre aparece reflejado en el retrato que de él pintó en 1952, 11 años después de su muerte. En su dedicatoria, la hija predilecta subraya la inteligencia y la valentía de su padre quien, durante 60 años fue epiléptico y no dejó que esto le impidiera continuar con su trabajo y disfrutar la vida

7. ¿Cómo se sentía Frida Kahlo en Estados Unidos? La repulsión que Estados Unidos le produce a la artista emerge en algunos de sus cuadros. Uno de sus autorretratos más importantes -autorretrato en la frontera entre México y los Estados Unidos- lo hace durante su estancia en esta Detroit. Para Frida, las cosas mecánicas (y Detroit estaba lleno de ellas) significaron siempre mala suerte y dolor.

8. ¿En qué ciudad pinta Frida Su Autorretrato en la Frontera entre México y los Estados Unidos? En Detroit.

9. ¿Cuál era el peor defecto del esposo de Frida Kahlo? Que era muy mujeriego.

EJERCICIOS DE GRAMÁTICA.

10. Los nombres de los meses en español se escriben con letra minúscula.
11. Los apellidos de las personas en español se escriben con letra mayúscula.
12. Los nombres de estrellas y planetas se escriben con letra mayúscula.
13. Los días de la semana en español se escriben con letra minúscula.
14. La primera letra del título de cualquier obra en español se escribe con letra mayúscula.
15. Los nombres de festividades civiles y religiosas en español se escriben con letra mayúscula.
16. ¿Cuáles son los artículos definidos en español? el, la, los, las.
17. ¿Cuáles son los artículos indefinidos en español? un, una, unos, unas.
18. ¿Cuántos géneros tienen los sustantivos en español? ¿Cuáles son? El sustantivo en español tiene dos géneros: Masculino y femenino.
19. ¿Por qué generalmente las palabras que terminan en -ma son masculinas? Porque son de origen griego.
20. ¿Cuántos números tienen los sustantivos? ¿Cuáles son? Los substantivos tienen dos números: Plural y singular.
21. ¿Qué son los diminutivos? Los diminutivos en español se utilizan para dar la impresión de que algo es pequeño o a modo afectivo. Son sufijos que se añaden a un sustantivo o a un adjetivo.
22. ¿Cómo se forman los diminutivos? Añadiendo un sufijo diminutivo a un sustantivo o a un adjetivo.
23. ¿Qué son los aumentativos? Los aumentativos son terminaciones que se usan en sustantivos o en adjetivos para dar la impresión de que algo o alguien es más grande o para ridiculizar algo o a alguien (en tal caso se llaman "despectivos").
24. ¿Cómo se forman los aumentativos? añadiendo sufijos aumentativos a un nombre o a un adjetivo.
25. ¿Cuándo nació Diego Ribera? Nació el 8 de diciembre de 1886.
26. Describa la relación de Diego Ribera con Frida Kahlo.

El estudiante tendrá que utilizar aquí sus propias palabras para describir el hecho de que Diego Ribera era un hombre muy mujeriego, dando detalles de los desengaños que le hizo sufrir a Frida durante los años que estuvieron juntos.

CAPÍTULO 3

SOBRE LA LECTURA DE FRAY JUNÍPERO SERRA.

1. ¿En qué edificio de Washington D.C. encontramos hoy la estatua de Fray Junípero Serra? En el Capitolio.
2. ¿En qué universidad impartió clases Fray Junípero Serra entre 1734 y 1749? En la Universidad del Palma.
3. Cuando dice la lectura que "Fray Junípero Serra comprendió la importancia de la predicación, a la que se dedicó con esmero" ¿A qué se refiere? A que para él era importante difundir la palabra de Dios, y por eso dedicó su vida entera y mucho esfuerzo a esta misión.
4. ¿Cuáles eran las cinco misiones franciscanas que se hallaban donde vivían los indígenas Otomíes en la Sierra madre Oriental? : la Purísima Concepción, Xalpán, Nuestra Señora de la Luz, San Miguel y San Francisco.
5. ¿Cuál fue la primera misión que fundó Fray Junípero Serra? La primera misión que fundó fray Junípero fue la de San Fernando de Vellicatá
6. De acuerdo con la lectura, ¿Qué ocurre el 1 de junio de 1769? El 1 de junio de 1769 llega la expedición de Fray Junípero a San Diego, donde comenzaron la construcción de la misión que se inauguraría el 16 de julio con una misa.
7. ¿A cuántos indígenas había bautizado Fray Junípero Serra cuando murió? A más de siete mil indios.
8. Qué misión se fundó el 17 de septiembre de 1776? El 17 de septiembre de 1776 se funda la misión de San Francisco a 250 kilómetros de Monterrey gracias a las innumerables gestiones de Serra con el virrey.
9. ¿Qué es el despotismo ilustrado? La teoría que indica que la soberanía y el poder están en el hombre y no en Dios
10. Cuando murió Fray Junípero Serra, ¿Cuántos años tenía y cuántos años había ejercido como franciscano? A los 79 años de edad, habiendo ejercido como franciscano por 54 años

11. ¿Qué ocurre en California en 1850? En 1850 California se suma al territorio que compone hoy Estados Unidos.

PREGUNTAS SOBRE LA GRAMÁTICA.

1. ¿Qué es un adjetivo? Un adjetivo es una palabra que describe un nombre.
2. ¿Cuántas clases de adjetivos hay en, español y cuáles son? En español hay cinco clases de adjetivos: Adjetivos demostrativos, adjetivos posesivos, adjetivos descriptivos, adjetivos cuantitativos y adjetivos indefinidos.
3. ¿Para qué sirven los adjetivos demostrativos? Los adjetivos demostrativos sirven para señalar o indicar la distancia de un objeto o idea.
4. Para qué sirven los adjetivos descriptivos? Un adjetivo descriptivo indica cualidades del sustantivo o nombre al que modifica.
5. ¿Cuál es la función de los adjetivos indefinidos? Los adjetivos indefinidos aportan una cantidad aproximada del sustantivo al que modifica.
6. En las siguientes frases indique cuáles son los adjetivos y qué clase de adjetivos son.
    A. Hay pocos libros en esta biblioteca. Adjetivo indefinido: pocos
    B. Sus tíos hablan francés muy bien. No tiene adjetivo (muy bien aquí es un adverbio).
    C. Tu casa es preciosa. Adjetivo descriptivo: Preciosa.
    D. Estos chicos van a tu casa todos los domingos. Adjetivo demostrativo: Estos.
7. ¿Qué es el apócope de los adjetivos? Cuando los adjetivos que se apocopan (o acortan) delante de un sustantivo o nombre. Por ejemplo la palabra bueno se acorta a buen cuando va delante de un nombre masculino singular. Por ejemplo. Es un perro bueno se puede escribir también es un buen perro.
8. ¿Qué es un adverbio? El adverbio describe generalmente un verbo, pero puede describir también un adjetivo u otro adverbio.
9. ¿Cuántas clases de adverbios hay y cuáles son? En español existen 7 clases de adverbios: de lugar, tiempo, modo, cantidad, afirmación, duda y negación.

10. ¿Qué son las frases adverbiales? El español cuenta con un gran número de frases que equivalen a adverbios. Estas frases se llaman 'frases adverbiales. Por ejemplo: "paso de tortuga" significa "despacio".

SOBRE LOS PRIMEROS COLONIZADORES DE CALIFORNIA.

1. ¿Qué decía el código de leyes nuevas del rey Carlos V? El código de leyes nuevas indicaba que los indios poseían pleno derecho a formar sus propias comunidades, que estaba prohibida su captura para esclavizarlos y que ningún español podía permanecer en un campamento indio por más de tres días.

CAPÍTULO CUATRO

PREGUNTAS SOBRE LA LECTURA.

1. Al caer el rey Juan enfermo, ¿Qué le hizo jurar a su primogénito? Al caer Juan gravemente enfermo, éste le hizo jurar a su hijo mayor que cuidaría de Isabel y de su hermano menor.
2. Explique con sus propias palabras lo que significa la palabra primogénito. El estudiante debe buscar esta palabra en el diccionario y escribir aquí su significado con sus propias palabras.
3. ¿Qué hizo Enrique con sus hermanos a la muerte del rey Alfonso? Tras la muerte de su padre, Enrique mandó a sus dos hermanos a vivir, lejos de la corte de Castilla, en el castillo que Isabel había heredado de su padre.
4. ¿Cuál era la relación entre Tomás de Torquemada e Isabel la Católica? El confesor de Isabel la católica.
5. ¿Con quién se casó Isabel la Católica? Con Fernando de Aragón.
6. ¿Qué edad tenía Isabel la Católica cuando se erigió Reina de Castilla? A la edad de 23 años, Isabel se erigió reina.
7. Cuando los reyes de Castilla y de Aragón conquistaron Granada en 1492, ¿Cuánto tiempo llevaban los moros en la Península Ibérica? Más de 700 años.
8. ¿Cómo murió Isabel la Católica?

PREGUNTAS SOBRE LA GRAMÁTICA.

1. ¿Cuáles son las cuatro clases de comparaciones que existen en español? En español existen cuatro clases de comparaciones: Comparaciones de nombres, de adjetivos, de verbos y de adverbios.
2. Explique qué clase de comparación es cada una de las siguientes frases.

    A. Juan tiene más de tres casas. Es una comparación de nombres de iniguadad.

    B. Nosotros bebemos menos sangría que tus amigos. Comparación de nombres de iniguadad.

    C. Gerardo habla tanto como Jorge. Comparación de verbos de igualdad.

    D. Miguel es más inteligente que sus hermanos. Comparación de adjetivos de iniguadad.

    E. El policía corre tan rápido como el ladrón. Comparación de adverbios de igualdad.

3. Explique, con sus propias palabras, lo que es un superlativo. El superlativo indica el grado máximo o mínimo de una cualidad o cantidad.

4. ¿Qué sufijo se utiliza para formar un superlativo absoluto? ísimo.

5. Escriba, a continuación, las ocho reglas mencionadas en el libro de texto para el uso de la letra h.

    1. Se escriben con h todas las palabras que comienzan con los diptongos, ia, ie, io, ue, ui. Por ejemplo: hiedra, hueco, hielo, huir, etc.

       Conviene recordar, no obstante, que hay derivados de algunas de estas palabras que pierden la h. Por ejemplo: huevo óvalo, ovario, etc.

    2. Se escriben con h todas las formas de los verbos haber y hacer.

    3. Se escriben con h las palabras que comienzan con el prefijo hexta- (que significa 6) y hepta- (que significa 7). Por ejemplo: heptasílabo, hexágono, etc.

    4. Se escriben con h los siguientes prefijos y sus derivados: **hecto** (que significa 100), **helio** (que significa sol), **hemi** (que significa medio o mitad), **hema o hemo** (que significa sangre), **homo** (que significa igual), **hiper** (que significa exceso o superioridad), **higro** (que significa humedad), **hidr, hidra, hidro** (que significa agua). Por ejemplo: helicóptero, hemisferio, hemorroide, hidrógeno, higrométrido, homófono, hipermercado, heliografía, hipérbola, hemoglobina, hipertensión, hemistiquio, etc.

    5. Existen en español dos prefijos con h inicial que se escriben igual, pero que tienen

       diferente acentuación y que poseen significados diferentes: **hipó**- (que significa caballo) e **hipo** (que significa debajo o inferioridad). Por ejemplo: **Hipó**-: hipódromo **Hipo**-:hipocresía.

    6. Se escriben con h las siguientes interjecciones: ¡hola!, ¡huy!, ¡ah!, ¡hala!, ¡eh!, ¡oh!

    7. Usted tendrá que aprender de memoria las otras palabras que en español puedan escribirse con h.

    8. Se escriben con h las palabras que comienzan con **herm-, hern-, holg-, hog-, hist-, hum-, horm**-. Por ejemplo: horno, historia, humo, hormiga, hogar, hermano, holgado, etc.

6. Explique cuál era la relación entre Juana la Loca e Isabel la Católica. Juana la Loca era la segunda hija de Isabel la Católica.
7. ¿Cuándo y dónde nació Juana la Loca? Juana La Loca nació en Toledo el día 6 de noviembre de 1479.
8. ¿Cómo recibió la reina Juana el apodo de "La Loca"? Juana tuvo siempre tendencias melancólicas (era así como se llamaba entonces a los episodios de depresión) y los constantes devaneos de su esposo hizo que los celos la llevaran al borde de la locura.

NOTAS ADICIONALES